Klassenorganisation in der Sekundarstufe

2. Auflage 2015

Inhalt: Friedhelm Heitmann
Coverbild: © Andres Rodriguez - fotolia.com
Satz: PrePress-Salumae.com
Druck: farbo prepress GmbH, Köln

Bestell-Nr. 11 556

ISBN: 978-3-95686-540-4

Inhalt

KOHL VERLAG Der Verlag mit dem Baum
Klassenorganisation in der Sekundarstufe – Bestell-Nr. 11 556

Inhalt

Vorwort

Liebe Kolleginnen und Kollegen,

Lehrerin bzw. Lehrer zu sein ist mit vielfältigen Aufgaben verbunden, die enorm viel Zeit beanspruchen. Der vorliegende Band soll Sie als Lehrerin/Lehrer bei der Bewältigung von schulischen Verpflichtungen tatkräftig unterstützen. Dargeboten werden Ihnen diverse Materialien zum Thema „Klassenorganisation in der Sekundarstufe". Die Palette reicht von Vorlagen für Klassenregeln zur Klassensprecherwahl, Hilfen zur Unterrichtsplanung, Organisationskarten, unterschiedlichen Klassenlisten über Info-Blätter für Schüler(innen) zum Umgang mit der Schultasche, Wörterbüchern, Mappen, Heften, Auseinandersetzungen … Elternbriefen bis hin zu Spielvorschlägen.

Die präsentierten Materialien entstanden aus dem Unterrichtsalltag. Sie wurden oftmals und erfolgreich in der Praxis erprobt. Fast alle Vorlagen sind ohne weitere Hinweise umzusetzen.

Die vorliegenden Materialien lassen sich nach eigenen Vorstellungen verändern, weitere Unterlagen können hinzugefügt werden.

Zeitersparnisse, Fortschritte und Erfolg beim Einsatz der Materialien wünschen Ihnen der Kohl-Verlag und

Friedhelm Heitmann

1 Schul-Rallye

EA

Aufgabe 1: *Erkunde dein Umfeld!*

a) Wie heißt die Schulleiterin/der Schulleiter?

b) Wie heißt die/der stellvertretende Schulleiterin/Schulleiter?

c) Wie heißt die Schulsekretärin/der Schulsekretär?

d) Wie heißt der Hausmeister/die Hausmeisterin der Schule?

e) Welche Adresse hat die Schule? Schreibe Schulname, Straße, Hausnummer, Postleitzahl und Ort auf.

f) Wie lautet die Telefonnummer der Schule?

g) Welche Internetadresse hat die Schule?

h) Wie viele Schüler besuchen derzeit diese Schule?

i) Wie viele Klassen hat die Schule im Moment?

j) Wie groß ist das Schulgelände ungefähr?

k) Wie viele Ein- und Ausgänge hat das Schulgebäude/haben die Schulgebäude?

l) Wie viele Toiletten befinden sich auf dem Schulgelände?

m) Wo wird der tägliche Vertretungsplan ausgehängt?

KOHL VERLAG Der Verlag mit dem Baum
Klassenorganisation in der Sekundarstufe – Bestell-Nr. 11 556

1 Schul-Rallye

n) Wie viele Lehrerinnen/Lehrer unterrichten an der Schule?

o) Wie heißen 5 verschiedene Fachräume der Schule?

p) Gibt es einen Pausenverkauf? Wenn ja, wo?

q) Was kann man da z.B. kaufen?

r) Finde fünf weitere beliebige Dinge über die Schule heraus und schreibe diese in vollständigen Sätzen auf!

–

–

–

–

–

Name(n) der Schülerin/des Schülers/der Schüler:

Startzeit: ____________ Rückkehrzeit: ____________

Gesamtzeit: ____________ Endplatzierung: ________ Platz

2 Meine Klasse und Schule

EA

Aufgabe 1: *Meine Klasse ...*

Insgesamt _______ Schüler besuchen die Klasse _______. Es sind _______ Mädchen und _______ Jungen. Die Schüler stammen aus den Ländern (= Staaten)

____

____

____

EA

Aufgabe 2: *Markiere auf der Weltkarte, woher du stammst bzw. deine Mitschüler stammen.*

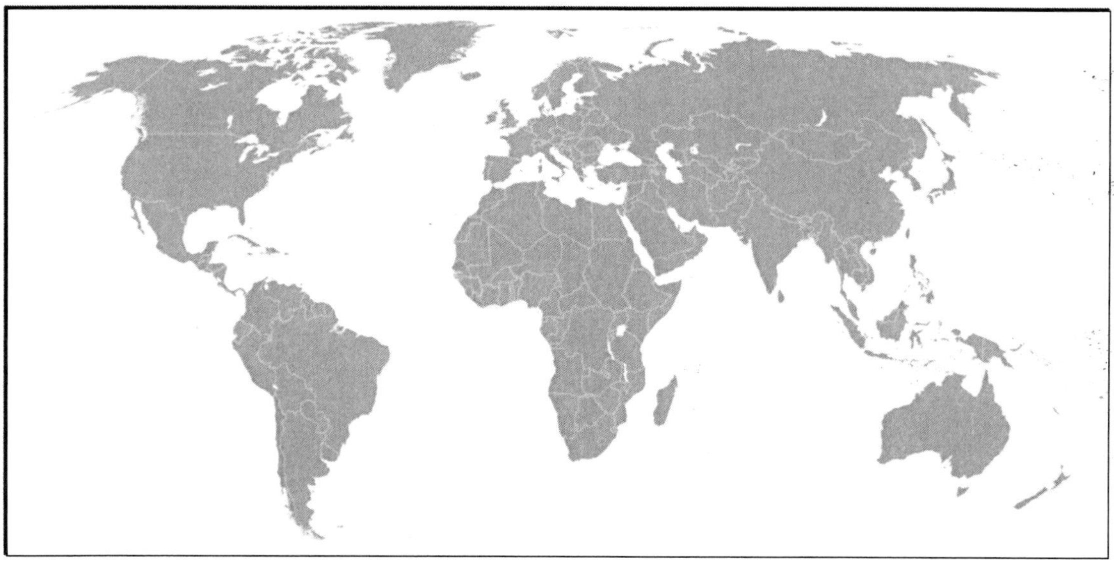

EA

Aufgabe 3: *Schreibe eigene Sätze über deine Klasse in dein Heft/in deinen Ordner.*

EA

Aufgabe 4: *Schreibe einen Brief, in dem du über deine Schule und Klasse berichtest, an eine Schülerin oder einen Schüler aus einem anderen Land.*

Du kannst so beginnen:

Hallo _______!

Mein Name ist _______. _______Jahr bin ich alt. Ich besuche eine Schule in _______

KOHL VERLAG Der Verlag mit dem Baum
Klassenorganisation in der Sekundarstufe – Bestell-Nr. 11 556

3 Meine Traumschule

EA

Aufgabe 1: *Träumen wird diesmal ausdrücklich erwartet. Wie sieht im Traum, in deiner Fantasie die Schule aus, die du dir wünschst?*

Leitfragen:

- *Wie heißt die Schule?*
- *Wo und in welcher Umgebung befindet sich diese Schule?*
- *Wie groß ist die Schule?*
- *Wie viele Schüler besuchen die Schule?*
- *Wie viele Schüler sind gewöhnlich in einer Klasse?*
- *Wie viele Lehrer und andere Personen sind an der Schule tätig?*
- *An welchen Tagen findet von wann bis wann der Unterricht statt?*
- *Welche Fächer werden unterrichtet?*
- *Welche Veranstaltungen (Feste, Ausflüge, Reisen, sonstige Aktivitäten) werden durchgeführt?*
- *Welche Besonderheiten (möglicherweise einheitliche Schulkleidung) gibt es an der Schule?*
- *...*

KOHL VERLAG Der Verlag mit dem Baum
Klassenorganisation in der Sekundarstufe – Bestell-Nr. 11 556

4 Unsere Klassenregeln

„<u>Ein Bild sagt mehr als 1000 Worte</u>“

http://de.wikipedia.org/wiki/Datei:Final_of_the_2011%E2%80%9312_Austrian_Cup_%2830%29.jpg

EA

<u>Aufgabe 1</u>: *Beschreibe, was auf dem oberen Bild zu sehen ist.*

____

____

____

<u>Aufgabe 2</u>: *Was kann bzw. soll das Bild aussagen?*

____

____

____

<u>Aufgabe 3</u>: *Was lässt sich aus dem Bild übertragen, auf deine/eure Schulklasse ableiten?*

Wir ____

____

____

KOHL VERLAG Der Verlag mit dem Baum
Klassenorganisation in der Sekundarstufe – Bestell-Nr. 11 556

4 Unsere Klassenregeln

GA

Aufgabe 4: *Bildet Gruppen zu 3-4 Schülern.*
Stellt 10 Regeln auf, die eurer Meinung nach wichtig sind für das ***Miteinander in der Klasse****! Jede Gruppe stellt anschließend ihre 10 erarbeiteten Regeln in der Klasse vor.*

1. Regel: ______________________________

2. Regel: ______________________________

3. Regel: ______________________________

4. Regel: ______________________________

5. Regel: ______________________________

6. Regel: ______________________________

7. Regel: ______________________________

8. Regel: ______________________________

9. Regel: ______________________________

10. Regel: ______________________________

KOHL VERLAG Der Verlag mit dem Baum
Klassenorganisation in der Sekundarstufe – Bestell-Nr. 11 556

4 Unsere Klassenregeln

GA **Aufgabe 5**: *Diskutiert nun in der Klasse über die Regeln und gestaltet ein Regelplakat, das für eure Klasse gilt.*

Denkt daran, was von jedem einzelnen erwartet wird – orientiert euch daran.

1. Du besuchst die Schule regelmäßig.
2. Du kommst pünktlich zum Unterricht, auch nach den Pausen.
3. Du hast alle erforderlichen Arbeitsmaterialien dabei.
4. Du hast zu Beginn der jeweiligen Unterrichtsstunde die benötigten Arbeitsmaterialien auf dem Tisch liegen.
5. Du nimmst die Schule ernst und arbeitest interessiert und konzentriert im Unterricht mit, ohne zu stören.
6. Du erledigst die gestellten Aufgaben sorgfältig, schreibst sauber und führst deine Hefte und Bücher ordentlich.
7. Du machst deine Hausaufgaben, bemühe dich zumindest dabei.
8. Du bringst einen ordentlichen Entschuldigungszettel mit, wenn du krank warst oder aus anderen Gründen gefehlt hast.
9. Du bist stets freundlich und hilfsbereit zu deinen Mitschülerinnen und Mitschülern.
10. Du zeigst Respekt vor den Lehrern und anderen erwachsenen Personen.

Und denkt immer daran:

Verhalte dich so, wie du selbst von anderen Menschen behandelt werden möchtest!

KOHL VERLAG Der Verlag mit dem Baum
Klassenorganisation in der Sekundarstufe – Bestell-Nr. 11 556

4 Unsere Klassenregeln

Gesprächsregeln und Sportregeln

Auch in der Schule gibt es Regeln, an die wir uns halten sollen, damit der Unterricht reibungslos läuft.

Dazu gehören die Gesprächsregeln, die ihr in eurer Klasse mit dem Lehrer aufstellen könnt.

Die unten aufgeführten Regeln sollten eine Hilfestellung sein.

Unsere Gesprächsregeln

1. Ich höre genau zu und lasse die Person aussprechen, die spricht.
2. Ich schaue die Person an, mit der ich spreche.
3. Ich melde mich im Unterricht, wenn ich etwas sagen will.
4. Ich warte, bis ich an der Reihe bin.
5. Ich überlege mir zuvor, was ich sagen will.
6. Ich spreche laut und verständlich, möglichst in vollständigen Sätzen.
7. Ich verwende freundliche Wörter.
8. Ich bin fair und zeige Verständnis für andere.
9. Ich bleibe beim Gesprächsthema.
10. Ich versuche, nicht zu lange zu sprechen.

In anderen Fächern sind Regeln ebenfalls besonders wichtig. So zum Beispiel im Sportunterricht.

Sportregeln

Um eine gute Note im Fachbereich Sport zu bekommen, musst du ...

1. ... regelmäßig Sportzeug mitbringen.
2. ... pünktlich zum Sportunterricht erscheinen.
3. ... mitmachen und sich dabei anstrengen.
4. ... dich im Sportunterricht bewegen und nicht herumsitzen.
5. ... dich an die Spielregeln und sonstige Bestimmungen halten.
6. ... versuchen, Mitschülern zu helfen und in das Spiel einzubeziehen, d.h. auch, den Ball abzuspielen und dich nicht eigensinnig zu verhalten.
7. ... darauf verzichten, andere Schüler zu ärgern und/oder auszulachen.
8. ... beim Aufbau und Abbau von Sportgeräten helfen.
9. ... die Sporthalle, Umkleideräume ... sauber hinterlassen.

KOHL VERLAG Der Verlag mit dem Baum
Klassenorganisation in der Sekundarstufe – Bestell-Nr. 11 556

5 Verhalten in 10 verschiedenen Situationen

EA

Aufgabe 1: *Wie reagierst du? Was tust du?*

a) Im Klassenraum liegt auf dem Boden ein zusammengeknülltes Blatt Papier.

b) Ein Mitschüler spricht dich zu Beginn der Schulpause an: „Lass uns zur Tankstelle gehen!“

c) Dir wird von einem Klassenkameraden bzw. einer Klassenkameradin eine Zigarette zum Rauchen angeboten.

d) Du wirst plötzlich von einem anderen Schüler bzw. von einer anderen Schülerin als „Hurensohn“ oder als „Schlampe“ bezeichnet.

e) Mehrere Mädchen bzw. Jungen ärgern/mobben dich wiederholt.

KOHL VERLAG Der Verlag mit dem Baum
Klassenorganisation in der Sekundarstufe – Bestell-Nr. 11 556

5 Verhalten in 10 verschiedenen Situationen

f) Du hast gesehen: Auf dem Schulhof haben zwei Jungen deiner Klasse Böller geworfen. Der dabei nicht anwesende Klassenlehrer befragt später alle Schüler(innen) der Klasse, wer die Böller geworfen hat. Die Täter geben die Tat nicht zu.

g) Du wirst Augenzeuge: Jemand schlägt in einem Schulgebäude die kleine Scheibe am Feuermelder ein und läuft weg.

h) Diesmal siehst du: Ein großer Junge versucht, einen kleineren Schüler zu verprügeln.

i) Soeben erfährst du: Ein mit dir befreundetes Mädchen nimmt Drogen, die das Mädchen von einem Bekannten bekommt.

j) Von einem bzw. mehreren Jugendlichen wirst du bedroht und erpresst, Geld (5 Euro) zu zahlen, sonst bekommst du Schläge.

KOHL VERLAG Der Verlag mit dem Baum
Klassenorganisation in der Sekundarstufe – Bestell-Nr. 11 556

6 Tipps zur Schlichtung von Streit

Für Lehrer

1. Selbst Ruhe bewahren, versuchen die Streiter zu beruhigen (eventuell auch durch Körperkontakt, z. B. sanft auf den Rücken klopfen)!
2. Sich neutral verhalten, die Streitenden respektieren und wertschätzen!
3. Die Auseinandersetzung von den Konfliktpartnern beschreiben lassen; darauf achten, dass jeder zu Wort kommt, jeden ausreden lassen!
4. Auf die Frage, wer mit dem Streit begonnen hat, möglichst verzichten, da sie wenig bringt!
5. Die Ursachen und Ziele herausfinden, die zum Streit führten! Leitfragen: „Warum kam es zum Streit?“ „Was wolltest du eigentlich erreichen?“
6. Bemühen gegenseitige Vorwürfe der Streitenden in Wünsche zu verändern!
7. Gefühle der Kontrahenten sprechen lassen! Leitfrage: „Wie hast du dich dabei gefühlt?“
8. Die Streiter dazu bewegen, sich in die andere Person hinein zu versetzen!
   Leitfrage: „Was denkst du, wie sich ... dabei gefühlt hat?“
9. Gemeinsam mit den Streitenden nach Lösungswegen zur Beilegung des Streits suchen! Am Ende des Streits sollte es keinen Verlierer geben!
10. Absprachen, Vereinbarungen treffen (möglicherweise auch schriftlich)!

KOHL VERLAG Der Verlag mit dem Baum
Klassenorganisation in der Sekundarstufe – Bestell-Nr. 11 556

7 Vorfall

1. Wann passierte der Vorfall?

2. Wo passierte der Vorfall?

3. Was geschah? (genaue Beschreibung)

4. Warum kam es zum Vorfall? (nähere Erklärung)

5. Welche Personen waren beim Vorfall dabei?

KOHL VERLAG Der Verlag mit dem Baum
Klassenorganisation in der Sekundarstufe – Bestell-Nr. 11 556

7 Vorfall

6. Wie hast du dich beim Vorfall gefühlt?

7. Wie haben sich (wohl) andere betroffene bzw. beteiligte Personen gefühlt?

8. Hast du dich richtig, vernünftig verhalten? Oder hast du etwas falsch gemacht? Wenn ja, was?

9. Wäre der Vorfall zu verhindern gewesen? Wenn ja, wie?

10. Kannst du etwas für die Zukunft versprechen? Wenn ja, was versprichst du?

Datum | Name (in Druckschrift) | Unterschrift

KOHL VERLAG Der Verlag mit dem Baum
Klassenorganisation in der Sekundarstufe – Bestell-Nr. 11 556

8 Wer nicht hören will, muss nachdenken und schreiben

1. Welche Regel(n) hast du nicht eingehalten?

2. Warum hast du die Regel(n) nicht eingehalten?

3. Wirst du weiterhin gegen die Regel(n) verstoßen? Kannst du etwas versprechen? Wenn ja, was?

4. Weshalb und wozu gibt es die Regeln? Wieso sind diese Regeln wichtig?

KOHL VERLAG Der Verlag mit dem Baum
Klassenorganisation in der Sekundarstufe – Bestell-Nr. 11 556

9 1. und 2. Mitteilung an die Eltern

Für Lehrer

_________________________ _________________________
(Datum)

____

____

____

1. Mitteilung

Sehr geehrte Frau _________________________,

Sehr geehrter Herr _________________________,

bedauerlicherweise muss ich Ihnen mitteilen:

Ihr Sohn/Ihre Tochter _________________________

- ☐ fehlte unentschuldigt in der Schule
- ☐ kam nach den Pausen verspätet zum Unterricht
- ☐ brachte kein Sportzeug mit
- ☐ war nicht bereit, im Unterricht mitzuarbeiten
- ☐ beschimpfte ______________
- ☐ wurde körperlich gewalttätig
- ☐ zerstörte ______________
- ☐ rauchte unerlaubt
- ☐ verließ vorzeitig den Unterricht
- ☐ störte den Unterricht
- ☐ erschien unentschuldigt zu spät zur Schule
- ☐ hatte nicht die erforderlichen Schulsachen (Hefte …) dabei
- ☐ erledigte keine Hausaufgaben
- ☐ beleidigte ______________
- ☐ beschädigte ______________
- ☐ verunreinigte ______________
- ☐ entfernte sich während der Pausen vom Schulgelände
- ☐ weitere Bemerkungen:

Ich bitte Sie, dazu beizutragen, dass ______________________ das Fehlverhalten abstellt, das Verhalten somit verbessert.

Mit freundlichen Grüßen

____

- -

Bestätigung

Ich erhielt Ihre 1. Mitteilung, las sie und werde mich um die Verbesserung des Verhaltens von ______________________ kümmern.

______________ (Datum) ______________________ Unterschrift des Erziehungsberechtigten

KOHL VERLAG Der Verlag mit dem Baum
Klassenorganisation in der Sekundarstufe – Bestell-Nr. 11 556

9 1. und 2. Mitteilung an die Eltern

Für Lehrer

_______________________________ _______________________

(Datum)

____

____

____

2. Mitteilung

Sehr geehrte Frau ______________________________,

Sehr geehrter Herr ______________________________,

leider verbesserte sich das Verhalten von ________________________ nicht.

Zu kritisieren und nicht zu akzeptieren ist:

Ich bitte Sie, sich mit mir telefonisch bzw. per E-Mail in Verbindung zu setzen, um einen Termin für ein persönliches Gespräch zu vereinbaren. Auch bitte ich Sie, mir den Erhalt dieser 2. Mitteilung schriftlich zu bestätigen und diese Bestätigung mir zurückzugeben.

Mit freundlichen Grüßen

____

Bestätigung

Ich erhielt Ihre 2. Mitteilung und nahm sie zur Kenntnis.

_______________ ______________________________

(Datum) Unterschrift des Erziehungsberechtigten

KOHL VERLAG Der Verlag mit dem Baum Klassenorganisation in der Sekundarstufe – Bestell-Nr. 11 556

Für Lehrer

Ein Lob für dich!

Das ist lobenswert:

Das ist gut:

...

Das hast du geschafft:

Liebe(r)

______________________________,

Mach(e) weiter so!

______________________ ______________

Unterschrift d. Lehrer(in) Datum

KOHL VERLAG Der Verlag mit dem Baum
Klassenorganisation in der Sekundarstufe – Bestell-Nr. 11 556

11 Kleine Helfer für den Schulalltag

Schüler sollen in den Unterrichtsalltag eingebunden werden. Dazu kann man ihnen Dienste übergeben. Dies überträgt dem Schüler Verantwortung und entlastet den Lehrer. Die Dienste sollten gerecht verteilt werden (wöchentlich/monatlich) und für alle sichtbar im Klassenzimmer ausgehängt werden.

Überlegen Sie sich, welche Dienste in ihrer Klasse von Nöten sind und stellen dann mit den Schülern die Aufgaben der jeweiligen Helfer fest.

Um eine genaue Übersicht zu bieten (Wer hat welchen Dienst?), bietet es sich an, ein Din-A3-Plakat zu entwerfen, auf dem die Dienste (für die Sie Vorlagen in diesem Heft finden) stehen und die Schülernamen werden auf Wäscheklammern geschrieben, so können sie jederzeit zugeordnet werden.

Auf den folgenden Seiten finden Sie nun weitere Helfer für Ihren Schulalltag, dazu gehören:

- das Ampelsystem
- die rote und die gelbe Karte
- Smileys für Feedbackrunden
- Vorlagen für die Dienste
- Vorlagen für die Sozialformen (Einzel-, Partner- und Gruppenarbeit)
- Vorlagen für einen Reflexionswürfel
- und so weiter ...

Vorlage für Hilfekärtchen

 1	 2
 3	 4

Infobox

Diese Kärtchen werden während einer Arbeitsphase, in der die Schüler eigenständig arbeiten vom Lehrer an die Tafel geheftet. Falls ein Schüler Hilfe benötigt, geht er zur Tafel, nimmt sich ein Kärtchen und setzt sich wieder leise hin. Das Kärtchen legt er gut sichtbar auf seinen Tisch. Wenn alle vier Kärtchen bei Schülern sind, wissen die anderen, sie müssen noch warten ehe sie an der Reihe sind. Der Lehrer geht durch die Reihen und hilft den Schülern der Reihe nach. Danach kommen die Kärtchen wieder an die Tafel.

Regelsysteme

Es gibt unterschiedliche Regelsysteme. Um eine gewisse Transparenz (Wieso bekomme ich eine Strafarbeit? Wieso bekomme ich ein Lob?) zu ermöglichen, finden Sie hier zwei Möglichkeiten.

Das Ampelsystem

rot

gelb

grün

Infobox

Die „Ampel" wird für alle sichtbar im Klassenzimmer aufgehängt. Die Schülernamen werden auf Pfeile geschrieben. Zu Beginn der Woche (des Tages) stehen alle Kinder auf grün. Wenn ein Schüler gegen eine Regel verstößt, kommt er auf gelb (Verwarnung), bei wiederholtem Regelverstoß wird er auf rot gesetzt und muss die Konsequenzen tragen (Strafarbeit, keine Belohnung,...)

Das Kartensystem

rot

gelb

Infobox

Die Karten werden wie beim Fußball verwendet. Schüler, die zum ersten Mal gegen eine Regel verstoßen haben, erhalten die gelbe Karte (Verwarnung), wenn sie sich wieder nicht an die Regeln halten (am Tag/in der Woche), erhalten sie die rote Karte und die damit verbundene Konsequenz. Um die Transparenz zu ermöglichen, können die Karten an einen gut sichtbaren Platz gehängt werden, die Schülernamen werden dazugeschrieben.

Stille

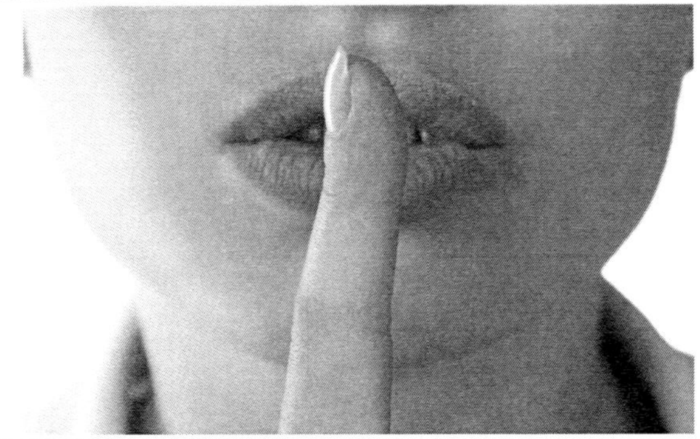

Flüstern

Infobox

- Diese Symbole/Schilder dienen der Organisation. Das Stille-Schild kann vom Lehrer bei Stillarbeit eingesetzt werden.
- Das Flüster-Schild kann während der Arbeitsphase verwendet werden.
- Die Sanduhr kann verwendet werden, um den Schülern die geplante Arbeitszeit zu visualisieren. Der Lehrer kann neben die Sanduhr, die er an einem gut sichtbaren Ort aufhängt, schreiben, wie lange die Schüler Zeit haben. Laminiert und mit Folienstiften beschriftet ist das Schild immer wieder verwendbar.

11 Kleine Helfer für den Schulalltag

Tafeldienst

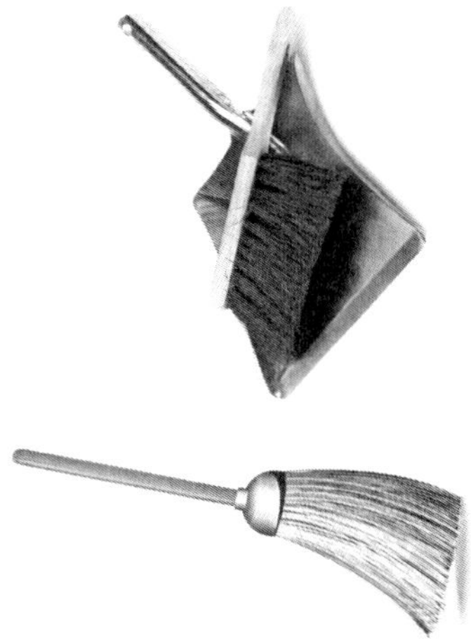

Ordnungsdienst

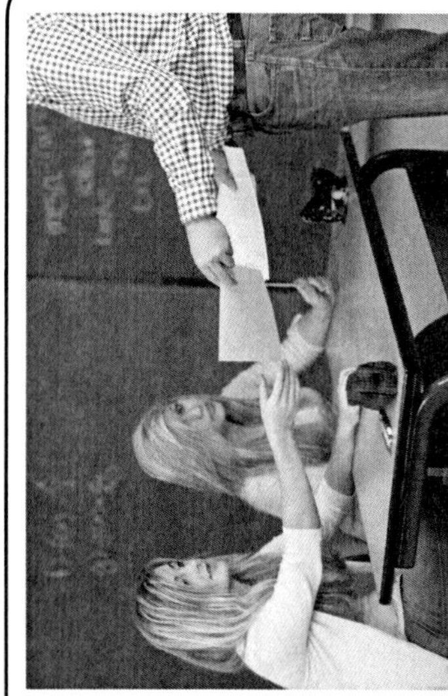

Austeildienst

11 Kleine Helfer für den Schulalltag

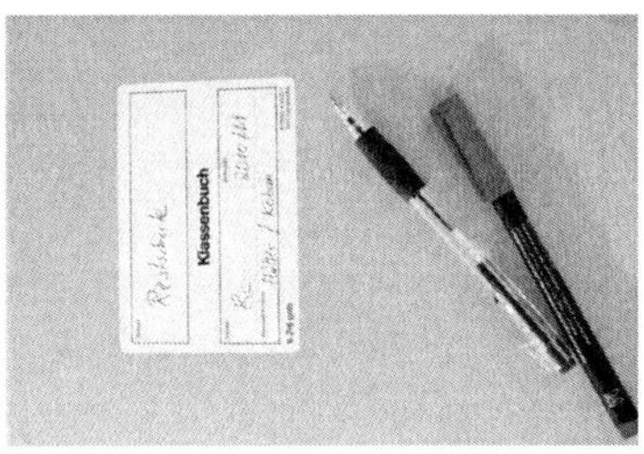

Klassenbuch-
dienst

Stühledienst

Blumendienst

KOHL VERLAG Der Verlag mit dem Baum

11 Kleine Helfer für den Schulalltag

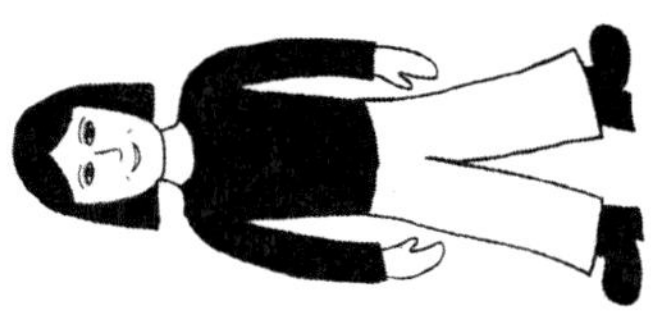

Einzelarbeit

Partnerarbeit

Gruppenarbeit

KOHL VERLAG Der Verlag mit dem Baum
Klassenorganisation in der Sekundarstufe – Bestell-Nr. 11 556

11 Kleine Helfer für den Schulalltag

Lesen

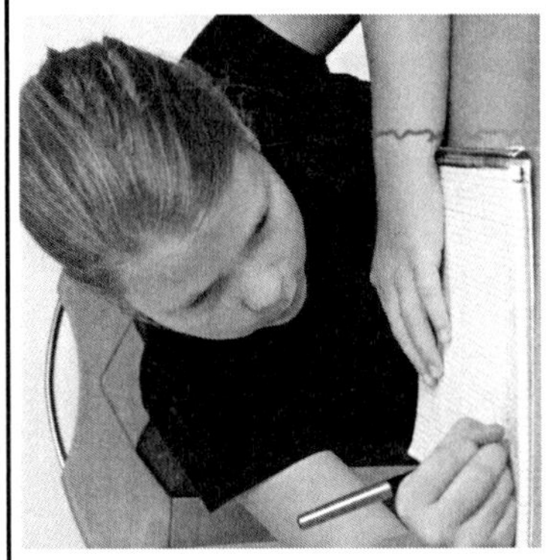

Schreiben

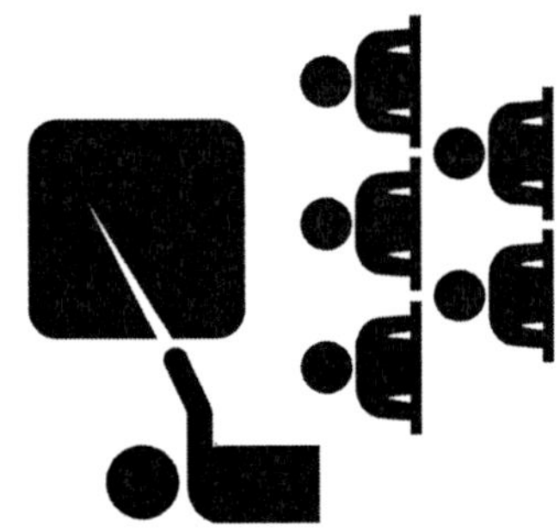

Präsentieren

KOHL VERLAG Der Verlag mit dem Baum
Klassenorganisation in der Sekundarstufe – Bestell-Nr. 11 556

Den Klassenpflegschaftsabend vorbereiten

CHECKLISTE

✕	
☐	Begrüßung
☐	Schwerpunkte der Schule/in dieser Klassenstufe
☐	Vorstellung der Kollegen
☐	Inhalte und Ziele der einzelnen Fachbereiche
☐	Elternvorstellungsrunde (Anwesenheitsliste)
☐	Wünsche und Vorstellungen der Eltern
☐	Informationen über das Amt des Klassenpflegschafts-vorsitzenden
☐	Wahl des Klassenpflegschaftsvorsitzenden (Stifte, Zettel)
☐	Auszählung und Bekanntgabe des Ergebnisses
☐	Frage nach der Annahme des Amtes
☐	Zeitnahe Termine
☐	Highlight des Schuljahres
☐	Verwaltung der „Klassenkasse“
☐	Gemeinsame Aktivitäten
☐	Erstellen/Aktualisieren der Eltern- und Schülerdaten
☐	Bekanntgabe der Lehrersprechstunden und der Möglichkeiten zur Kontaktaufnahme
☐	Verschiedenes, Wünsche und Anträge

KOHL VERLAG Der Verlag mit dem Baum
Klassenorganisation in der Sekundarstufe – Bestell-Nr. 11 556

12 Elternabend

Für Lehrer

____

____

____

____

______________________ (Datum)

Einladung zum Elternabend

Liebe Eltern und Erziehungsberechtigte,

Ich lade sie herzlich zum Elternabend der Klasse________ ein. Der Elternabend findet am _______________ ab ________ Uhr in der Schule im Raum ________ statt.

Folgende Themen sind als Tagesordnungspunkt vorgesehen:

Bitte nehmen Sie sich Zeit und kommen zum Elternabend.

Mit freundlichen Grüßen

____

--------------------------------- Hier abtrennen ---------------------------------

Antwort

Die Einladung zum Elternabend habe ich/haben wir erhalten. Am Elternabend wird/werden teilnehmen:

☐ keine Person. ☐ 1 Person. ☐ 2 Personen. (Bitte Zutreffendes ankreuzen)

______________________ (Datum) ______________________ Unterschrift des Erziehungsberechtigten

KOHL VERLAG Der Verlag mit dem Baum Klassenorganisation in der Sekundarstufe – Bestell-Nr. 11 556

Für Lehrer

Kurzprotokoll des Elternabends

Klasse: ________ Datum: ______________________

Tagesordnung:

Beschlüsse/Vereinbarungen:

Wahl der Elternvertreter:

1. Elternvertreter: ______________________

2. Elternvertreter: ______________________

Anzahl der Schüler in der Klasse: ______________

Anzahl der auf dem Elternabend anwesenden Elternteile: ______________

____

Name und Unterschrift des Protokollanten

KOHL VERLAG Der Verlag mit dem Baum
Klassenorganisation in der Sekundarstufe – Bestell-Nr. 11 556

13 Klassenkasse

Für Lehrer

______________________ ______________________
(Datum)
____
____
____

Klassenkasse

Liebe Eltern, liebe Erziehungsberechtigte,

auf dem Elternabend am ______________ wurde angeregt und beschlossen,

eine Klassenkasse einzurichten. Der Beitrag je Schüler(in) soll __________ Euro

pro Schulhalbjahr (= __________ Euro im ganzen Schuljahr) betragen.

Sie haben die Möglichkeit, nunmehr den Betrag für das 1. Schulhalbjahr bzw. bereits die Summe für das gesamte Schuljahr zu bezahlen.

Ich bitte Sie, ihrem Kind das Geld in einem verschlossenen Umschlag (mit Namen versehen) zur Schule mitzugeben.

Die Einnahmen der Klassenkasse kommen den Schülerinnen und Schülern zugute. Das eingenommene Geld ist vor allem für Schüleraktivitäten (u. a. Ausflüge) und Schülermaterialien vorgesehen.

Als Klassenlehrer führe ich schriftlich über Einnahmen und Ausgaben der Klassenkasse eine genaue Übersicht, die von den Eltern und anderen Erziehungsberechtigten auf Wunsch eingesehen werden kann.

Ich bedanke mich bei Ihnen im Voraus für Ihre Mitarbeit.

Mit freundlichen Grüßen

____

KOHL VERLAG Der Verlag mit dem Baum
Klassenorganisation in der Sekundarstufe – Bestell-Nr. 11 556

13 Klassenkasse

Für Lehrer

Klassenkasse				
Datum	**Bezeichnung der Einnahmen/Ausgaben**	**Einnahmen**	**Ausgaben**	**Kontostand**

KOHL VERLAG Der Verlag mit dem Baum
Klassenorganisation in der Sekundarstufe – Bestell-Nr. 11 556

14 Wir unternehmen einen Ausflug/eine Klassenreise

Für Lehrer

Ausflugsziel: ______________________________

Datum des Ausflugs: ______________________________

Treffpunkt: ______________________________

Kosten
(je Schülerin/Schüler): ______________________________

Verkehrsmittel,
die wir benutzen: ______________________________

Dinge, die jede Schülerin/jeder Schüler mitzunehmen hat:

____

____

____

Regeln, die einzuhalten sind:

____

____

____

Rückkehr (Ankunftszeit
und Ankunftsort): ______________________________

Mit freundlichen Grüßen

____

- -

Erlaubnis

Ich/Wir erlaube(n), dass ______________________________

am Ausflug teilnimmt. Die anteiligen Kosten bezahle(n) wir/ich.

______________________ ______________________________
(Datum) Unterschrift des Erziehungsberechtigten

KOHL VERLAG Der Verlag mit dem Baum
Klassenorganisation in der Sekundarstufe – Bestell-Nr. 11 556

14 Wir unternehmen einen Ausflug/eine Klassenreise

Für Lehrer

______________________________ ______________________________
(Datum)

____

____

____

Klassenreise (1. Schreiben)

Liebe Eltern, liebe Erziehungsberechtigte,

Wie bereits auf dem Elternabend am ______________ angekündigt, beabsichtige ich mit den Schülerinnen und Schülern der Klasse ________ eine Klassenreise zu unternehmen. Das Reiseziel ist ____.

Die Klassenreise soll dazu dienen:

____

____

____

Während der Klassenreise erfolgt die Unterbringung in ______________________

____

Die Klassenreise soll vom ______________ bis zum ______________ stattfinden.

Je Teilnehmer betragen die Kosten ______________ Euro (= ohne Taschengeld).

Ich hoffe, dass möglichst alle Schülerinnen und Schüler an der Klassenreise teilnehmen. Die anteiligen Kosten für die Klassenreise bitte ich bis spätestens

______________ auf folgendes Konto zu überweisen:

IBAN und BIC des Kontos: ____

Bank: ______________________________ Kontoinhaber: ______________________

Die Anlage zu diesem Schreiben möchte ich gern bis spätestens am ______________ ausgefüllt zurückbekommen.

Mit freundlichen Grüßen

______________________________ 1 Anlage

14 Wir unternehmen einen Ausflug/eine Klassenreise

Für Lehrer

Bestätigung/Erklärung

☐ Das 1. Schreiben zur Klassenreise erhielt und las ich.

☐ ______________________________ soll an der Klassenreise teilnehmen. Die anteiligen Kosten (= ____________ Euro) werden bis spätestens zum ____________ überwiesen.

☐ ______________________________ soll **nicht** an der Klassenreise **teilnehmen**. In dieser Zeit muss der Unterricht in einer anderen Klasse trotzdem besucht werden.

Bitte oben den Namen eintragen sowie das Zutreffende deutlich ankreuzen!

______________________ (Datum)

______________________________ Unterschrift des Erziehungsberechtigten

14 Wir unternehmen einen Ausflug/eine Klassenreise

Für Lehrer

______________________________ ______________________
(Datum)

____

____

____

Klassenreise (2. Schreiben)

Liebe Eltern, liebe Erziehungsberechtigte,

Es ist soweit. Unsere Klassenreise nach ______________________________,
die vom ____________ bis zum ____________ dauert, steht unmittelbar bevor.

Dazu nun einige nähere Informationen:
Wir treffen uns am ____________ um spätestens ____________ Uhr
______________________ (Ort). Abfahrt ist dort um ____________ Uhr
per ________________.
Am Reiseziel werden wir voraussichtlich um ____________ Uhr eintreffen.
Auf der Klassenreise wird uns ______________________________ begleiten.

Das Reiseprogramm sieht folgendermaßen aus:

____

____

____

____

____

____

____

____

____

Änderungen sind vorbehalten!

KOHL VERLAG Der Verlag mit dem Baum
Klassenorganisation in der Sekundarstufe – Bestell-Nr. 11 556

14 Wir unternehmen einen Ausflug/eine Klassenreise

Für Lehrer

Die Adresse unserer Unterkunft ist:

___

___

Die Notfall-Telefonnummer lautet:

___

Zur Reise hat jede Schülerin/jeder Schüler mitzunehmen:

___

___

___

___

Nicht mitzunehmen sind:

___

___

___

Das Taschengeld je Schülerin/je Schüler sollte täglich nicht mehr als _______ Euro betragen.
Bitte geben Sie der Tochter/dem Sohn keine teuren Wertsachen mit. Diese können verlorengehen, beschädigt oder gestohlen werden.

Falls ein bzw. mehrere Teilnehmer auf der Klassenreise schwerwiegend gegen festgelegte Regeln verstoßen, werden die Erziehungsberechtigten sowie die Schulleitung sogleich informiert. In besonders schwerwiegenden Fällen sind die Eltern verpflichtet, den Sohn bzw. die Tochter auf eigene Kosten abzuholen.

Die Rückfahrt unserer Klassenreise erfolgt am ________________. Wir kommen wahrscheinlich um ca. _________ Uhr ______________________________ (Ort) an.

Ich wünsche uns auf der Klassenreise sehr gute Laune, viel Freude und Spaß.

Ich bitte um die Rückgabe der ausgefüllten Anlage dieses Schreibens bis spätestens am ________________.

Mit freundlichen Grüßen

___

1 Anlage

KOHL VERLAG Der Verlag mit dem Baum – Klassenorganisation in der Sekundarstufe – Bestell-Nr. 11 556

14 Wir unternehmen einen Ausflug/eine Klassenreise

Für Lehrer

Wichtige Angaben für die Klassenreise

vom ________________ **bis zum** ________________

Name der Schülerin/des Schülers: ________________________________

Geburtsdatum: ________________________________

Anschrift: ________________________________

Telefonnummer: ________________________________

Name der Krankenkasse: ________________________________

Name der Versicherungsnehmerin/des Versicherungsnehmers:

____

Jahr der letzten Tetanusimpfung: ________________________________

Medikamente, die die Schülerin/der Schüler einnehmen muss:

____

Ist bei der Schülerin/dem Schüler (sonst noch) etwas Besonderes zu beachten (z. B. eine Allergie)?

____

Erlaubnis

Ich/Wir erlaube(n), dass ____

- ☐ unter Aufsicht badet.
  - ☐ Sie/Er kann schwimmen.
  - ☐ Sie/Er kann **nicht schwimmen**.
- ☐ unter Aufsicht Rad fährt.
- ☐ ____

________________ (Datum)

________________________________ Unterschrift des Erziehungsberechtigten

KOHL VERLAG Der Verlag mit dem Baum
Klassenorganisation in der Sekundarstufe – Bestell-Nr. 11 556

15 Telefonkette

Für Lehrer

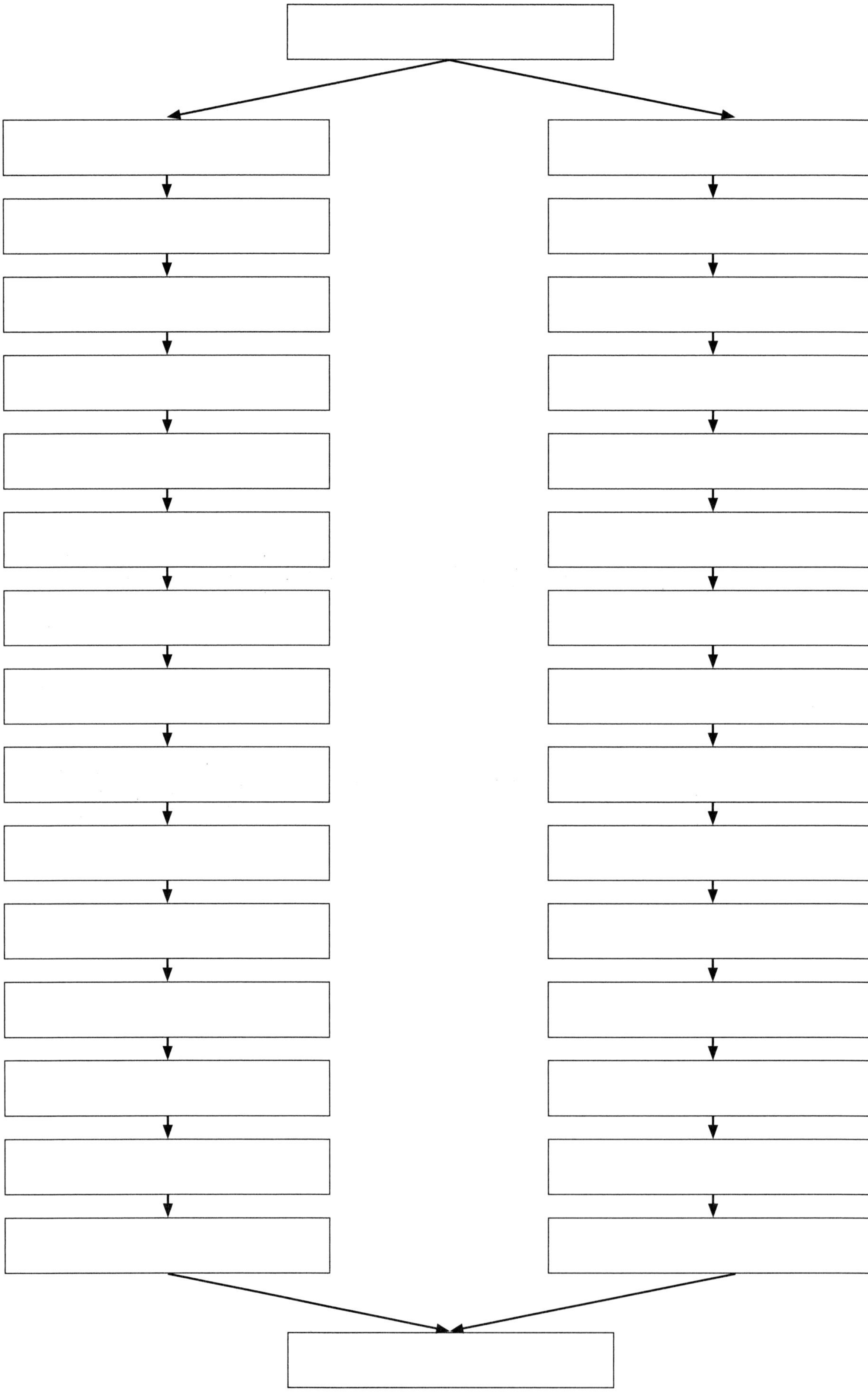

16 Geburtstagsplan

Name	Geburtstag	Sternzeichen

Name	Geburtstag	Sternzeichen

Sternzeichen:

22.12. - 30.01. = Steinbock		21.01. - 19.02. = Wassermann	
20.02. - 20.03. = Fisch		23.03. - 20.04. = Widder	
21.04. - 20.05. = Stier		21.05. - 20.06. = Zwilling	
21.06. - 22.07. = Krebs		23.07. - 22.08. = Löwe	
23.08. - 22.09. = Jungfrau		23.09. - 22.10. = Waage	
23.10. - 22.11. = Skorpion	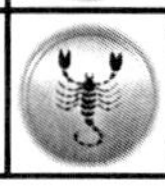	23.11. - 21.12. = Schütze	

KOHL VERLAG Der Verlag mit dem Baum
Klassenorganisation in der Sekundarstufe – Bestell-Nr. 11 556

17 Monatsanwesenheitsliste

Für Lehrer

Anwesenheitsliste

Klasse:

Fach:

Nr.	Namen	Monat																								
1																										
2																										
3																										
4																										
5																										
6																										
7																										
8																										
9																										
10																										
11																										
12																										
13																										
14																										
15																										
16																										
17																										
18																										
19																										
20																										
21																										
22																										
23																										
24																										
25																										
26																										
27																										
28																										
29																										
30																										

KOHL VERLAG Der Verlag mit dem Baum
Klassenorganisation in der Sekundarstufe – Bestell-Nr. 11 556

18 Versäumnisse protokollieren

Um Versäumnisse zu protokollieren, ist es sinnvoll, allen Kollegen eine Liste zur Verfügung zu stellen, wo diese nicht angefertigten Hausaufgaben, Material vergessen oder sonstige Versäumnisse mit Datum und Kürzel eintragen können. Ein Muster findet sich auf der nächsten Seite.

Diese Liste lässt sich am besten im Klassenbuch aufbewahren, da sie dort mit in jedes Fach und jeden Raum geht.

Sie legen die Anzahl der Einträge fest, ab der Sie die Eltern schriftlich informieren.Eine Kopie dieses Schreibens legen Sie in die Schülerakte (siehe Vorlage unten).

> **Tipp**: Teilen Sie den Schülerinnen und Schülern unbedingt Ihre Vorgehensweise mit, damit diese auch die Möglichkeit haben, ihr Verhalten zu ändern. Mit Hilfe der Liste haben Sie auch die Möglichkeit, direkt die Schülerinnen und Schüler anzusprechen.

Name des Schülers: ____________________________

Hausaufgaben vergessen	Material vergessen	Sonstiges

Sehr geehrte Eltern und Erziehungsberechtigte,

in der oben aufgeführten Liste tragen alle Kolleginnen und Kollegen ein, wenn bei Ihrem Kind etwas fehlt. Ich bitte diese Liste zur Kenntnis zu nehmen und mit Ihrem Kind über dieses Verhalten zu reden. Eine Kopie dieser Liste wird in der Schülerakte abgeheftet.

Mit freundlichen Grüßen

✂- -

<u>Rückmeldung</u>

☐ Ich habe die Liste über die Versäumnisse zur Kenntnis genommen und habe mit meinem Kind geredet.

Unterschrift: ____________________________

KOHL VERLAG Der Verlag mit dem Baum
Klassenorganisation in der Sekundarstufe – Bestell-Nr. 11 556

18 Versäumnisse protokollieren

Name	HA vergessen	Material vergessen	Sonstiges	HA vergessen	Material vergessen	Sonstiges	HA vergessen	Material vergessen	Sonstiges	HA vergessen	Material vergessen	Sonstiges

19 Klassensprecherwahl

„Wer soll Klassensprecher werden?“ – Ein Entscheidungsspiel

Angenommen: Folgende genannten und kurz beschriebenen 6 Schüler (3 Mädchen und 3 Jungen) stehen als Kandidaten bei einer Klassensprecherwahl zur Verfügung.

EA

Aufgabe 1: *Wen würdest du als Klassensprecher wählen, wen als Vertreter? Wer kommt deiner Meinung nach für das Amt überhaupt nicht in Frage? Begründe deine Meinung näher!*

Die Kandidaten:

- Anthony: beliebt bei Mädchen, Haare gestylt, witzig, albert oft herum, mittelmäßige Schulleistungen …
- Beatrice: fleißige Schülerin, diszipliniert, kann sich gut ausdrücken, hat eine Streitschlichter-Ausbildung absolviert, lange Haare …
- Cindy: modisch gekleidet, Wortführerin bei den Mädchen, launisch, mutig …
- Daniel: gute schulische Leistungen, sozial eingestellt, Brillenträger, kleiner Schüler, zurückhaltend …
- Emrah: neu in der Klasse, groß und kräftig, macht Bodybuilding, sieht gut aus, gibt manchmal an …
- Franziska: selbstbewusst, kann auch hilfsbereit sein, im Unterricht nicht immer bei der Sache, redet häufig, verspricht viel …

Meine Meinung:

Klassensprecher sollte werden: ______________________

Vertreter sollte werden: ______________________

Überhaupt nicht geeignet: ______________________

Begründungen:

____

____

____

____

____

____

KOHL VERLAG Der Verlag mit dem Baum – Klassenorganisation in der Sekundarstufe – Bestell-Nr. 11 556

19 Klassensprecherwahl

Nicht jede(r) Schüler(in) ist als Klassensprecher geeignet. Wer nur viel verspricht und wenig hält, eignet sich nicht dafür. Klassensprecher müssen gewisse Fähigkeiten haben. Das Amt des Klassensprechers ist mit Aufgaben verbunden:
- gegenüber der Klasse
- gegenüber dem Klassenlehrer und anderen Lehrern
- in der Vertretung der Klasse nach außen (im Schülerrat der Schule …)

Klassensprecher müssen von den Mitschülern anerkannt und unterstützt werden. Möglich ist es, Klassensprecher abzusetzen, wenn sie sich nicht genügend einsetzen und nicht mehr das Vertrauen durch die Mitschüler besitzen.

Klassensprecher sollten u. a.:
- sich für die Interessen und Wünsche der Klasse einsetzen
- zuverlässig und verantwortungsbewusst sein
- vorbildhaftes Verhalten zeigen
- …

EA

Aufgabe 2: *Notiere weitere Erwartungen an Klassensprecher! Wie sollten sie sein? Was sollten sie tun?*

____

____

____

____

____

____

____

____

____

____

Infobox

Das Wählen gehört zur Demokratie. Das Wort „Demokratie“ kommt ursprünglich aus der griechischen Sprache und heißt wörtlich übersetzt „Volksherrschaft“. Im alten (= antiken) Griechenland gab es vor ca. 2500 Jahren die Anfänge der Demokratie.
Die 5 Grundsätze der heutigen demokratischen Wahlen sind gewöhnlich: allgemeines Wahlrecht, gleiches Wahlrecht, freie Wahl, geheime Wahl, unmittelbare Wahl. Diese Grundsätze gelten auch für die Klassensprecherwahl.

<u>Der Ablauf einer Klassensprecherwahl</u>

EA

<u>Aufgabe 3</u>: *Setze die richtigen Wörter ein.*

<u>Die einzelnen Wörter in alphabetischer Reihenfolge</u>:
aufschreiben – einverstanden – findet – gelten – kommt – leitet – schlagen – stellen – übernehmen

a) Der Klassenlehrer ______________________ die Klassensprecherwahl.

b) Zunächst ______________________ die Schüler Kandidaten zur Wahl vor. Möglich ist auch, dass sich Schüler selbst als Kandidaten vorschlagen.

c) Vorgeschlagene Kandidaten müssen damit ______________________ sein, dass sie gewählt werden können.

d) Danach ______________________ sich die jeweiligen Kandidaten vor, eventuell mit ihren Zielen und beantworten Fragen der übrigen Schüler.

e) Die Wahl der Klassensprecher erfolgt in geheimer Wahl. Jeder Wähler kann auf seinem Stimmzettel die Namen von bis zu zwei Kandidaten ______________________ .

f) Nun kommt es zur Auszählung der Stimmen. Klassensprecher werden die beiden Kandidaten mit den meisten Stimmen, sofern sie sich bereit erklären, das Amt zu ______________________ .

g) Bei Stimmengleichheit ______________________ es zu einer Stichwahl.

h) Nach der Klassensprecherwahl ______________________ die Wahl des Vertreters der Klassensprecher statt.

i) Hier ______________________ dieselben Regeln wie bei der Klassensprecherwahl.

KOHL VERLAG Der Verlag mit dem Baum
Klassenorganisation in der Sekundarstufe – Bestell-Nr. 11 556

20 Zensurenliste

Für Lehrer

Zensurenliste

Klasse:

Fach:

Nr.	Namen																								
1																									
2																									
3																									
4																									
5																									
6																									
7																									
8																									
9																									
10																									
11																									
12																									
13																									
14																									
15																									
16																									
17																									
18																									
19																									
20																									
21																									
22																									
23																									
24																									
25																									
26																									
27																									
28																									
29																									
30																									

KOHL VERLAG Klassenorganisation in der Sekundarstufe – Bestell-Nr. 11 556

21 Ereignisse im Schuljahr

Für Lehrer

August	
September	
Oktober	
November	
Dezember	
Januar	
Februar	
März	
April	
Mai	
Juni	
Juli	

KOHL VERLAG Der Verlag mit dem Baum
Klassenorganisation in der Sekundarstufe – Bestell-Nr. 11 556

22 Umgang mit der Schultasche

Damit ihr länger was von eurer Schultasche habt und diese immer einsatzbereit ist, solltet ihr folgende Tipps befolgen:

1. Achte auf Ordnung und Sauberkeit in deiner Schultasche.
2. Packe schon am Vorabend in deine Schultasche alle Materialien ein, die du am nächsten Schultag im Unterricht dabeihaben musst. Schaue dabei genau auf deinen Stundenplan, damit du weißt, was benötigt wird.
3. Kontrolliere (nochmals), ob sich das Notwendige in der Schultasche befindet.
4. Ist auch der Inhalt des Federmäppchens vollständig?
5. Fehlt etwas (z. B. ein Anspitzer oder ein Lineal), besorge dir dies.
6. Lasse in deiner Schultasche Platz.
   Dorthin packst du am nächsten Morgen dein Essen und dein Getränk. Achte darauf, dass es auslaufsicher verschlossen ist.

EA

Aufgabe 1: *Ergänze den Satz! Was ist damit gemeint?*

Der Umgang des jeweiligen Schülers mit der Schultasche ist ein Spiegelbild für …

____

____

____

____

KOHL VERLAG Klassenorganisation in der Sekundarstufe – Bestell-Nr. 11 556

23 Arbeitsplatz & Co. – Ordnung

Auch wenn das alte Sprichwort „Ordnung ist das halbe Leben“ übertrieben ist, so gilt: Ordnung muss sein!

Haltet euren Arbeitsplatz sauber. Holt nur die Materialien heraus, die ihr für das jeweilige Fach benötigt, so habt ihr Platz um eure Aufgaben zu erledigen. Fragt euch immer selbst:

- Sieht es nicht nur auf, sondern auch unter eurem Tisch geordnet aus?
- Sind die benutzen Materialien (Bücher, Hefte, Stifte, Klebestifte, Scheren,…) wieder aufgeräumt worden?
- Ist mein Platz frei von Müll?
- …

Wer nicht auf Ordnung achtet, läuft Gefahr, den Überblick zu verlieren. Du könntest wichtige Unterlagen in der Schule (oder auch zuhause auf deinem Schreibtisch) vergessen und dann nicht richtig arbeiten können.

Merke dir den Grundsatz: Auf dem Schreibtisch/deinem Tisch in der Schule sollte nur liegen, was du auch wirklich für das Unterrichtsfach brauchst.

Wichtig für deine Ordnung ist auch, dass dein Material immer vollständig zur Verfügung steht, dann musst du nicht lange suchen oder danach fragen. Sorge immer dafür, dass folgende Materialien vorhanden sind:

<u>Eine mögliche Materialliste</u>:

➔ Füller, Patronen, Tintenkiller
➔ Bleistift, Radiergummi, Bleistiftspitzer
➔ je ein Satz farbige Holz- und Filzstifte
➔ Geodreieck, Zirkel, Lineal, Schere, Klebstoff
➔ Textmarker, Folienstifte (wasserlöslich), Edding
➔ Wasserfarbkasten, Wasserbecher, ein Satz Pinsel, Kleiderschutz
➔ Sportschuhe (draußen, drinnen), Kleidung für Sommer und Winter
➔ Hefte und Heftumschläge für die jeweiligen Fächer in den jeweiligen Farben, Zeichenblock (DIN A3)
➔ DIN-A4-Block mit Karopapier
➔ Hausaufgabenheft

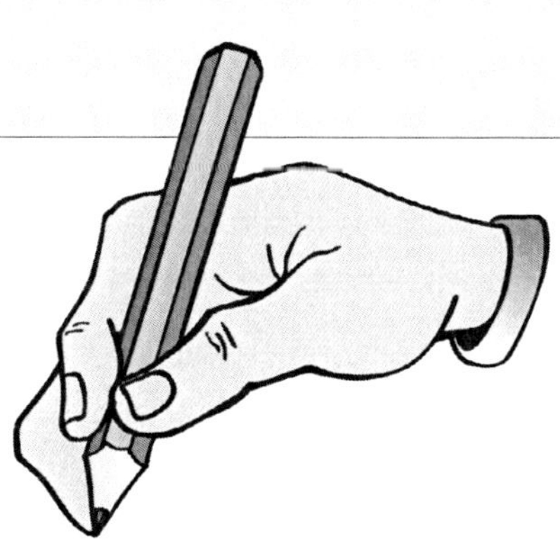

KOHL VERLAG Der Verlag mit dem Baum
Klassenorganisation in der Sekundarstufe – Bestell-Nr. 11 556

24 Führung der Mappen

Für Lehrer

1. Hefte alle vom Lehrer ausgegebenen Blätter gleich und sorgfältig in der vorgesehenen Reihenfolge ab.

2. Nummeriere, falls noch nicht geschehen, alle Seiten mit einer Seitenzahl.

3. Schreibe auf allen Seiten ordentlich und deutlich lesbar. Benutze zum Unterstreichen ein Lineal.

4. Lasse auf jeder Seite genügend Rand.

5. Ordne auch selbst verfasste Blätter an passender Stelle in die Mappe ein.

6. Führe fortlaufend ein Inhaltsverzeichnis, in das du die Überschriften der einzelnen Blätter mit der jeweiligen Seitenzahl einträgst.

7. Das Inhaltsverzeichnis sollte stets unmittelbar nach dem Deckblatt der Mappe folgen.

8. Falls du vom Lehrer kein Deckblatt für die jeweilige Mappe erhalten hast, entwirf ein eigenes Deckblatt. Notiere darauf auf jeden Fall deinen Vor- und Nachnamen, deine Klasse und den Namen des Unterrichtsfaches.

9. Wichtige Blätter kannst du zum Schutz in eine Klarsichthülle stecken.

10. Behandle die Mappe sorgfältig, damit die Blätter keine Knicke bekommen.

25 Führung der Hefte

Für Lehrer

1. Notiere auf der Vorderseite des jeweiligen Heftes deinen Vor- und Nachnamen, die Klasse sowie das Unterrichtsfach.
2. Führe das Heft durchgehend von vorn nach hinten und schreibe darin nur das auf, was mit dem jeweiligen Unterrichtsfach zu tun hat.
3. Halte auf allen Seiten ausreichend Rand ein (links, rechts, oben und unten).
4. Schreibe im Heft sauber und deutlich lesbar.
5. Verwende zum Schreiben keinen roten oder rosafarbenen Stift. Diese Farben sind nämlich dem Lehrer vorbehalten.
6. Trage das Datum ein, wann du etwas schreibst.
7. Jeder Text sollte eine Überschrift bekommen.
8. Überprüfe in einem Wörterbuch die Rechtschreibung, wenn du unsicher bist, wie ein oder mehrere Wörter richtig geschrieben werden.
9. Gebrauche beim Unterstreichen immer ein Lineal.
10. Achte darauf, dass die einzelnen Seiten der Hefte keine Knicke bekommen und/oder beschmutzt werden.

26 Einschätzungsbogen

Für Lehrer

Name: ______________________ Klasse: __________

	1	2	3	4	5	
freundlich						unfreundlich
höflich						unhöflich
hilfsbereit						egoistisch
schüchtern						vorlaut
bescheiden						angeberisch
ausgeglichen						launisch
geduldig						ungeduldig
diszipliniert						undiszipliniert
friedlich						aggressiv
kontaktfreudig						kontaktarm
zuverlässig						unzuverlässig
verantwortungsbewusst						verantwortungslos
ordentlich						chaotisch
fleißig						faul
schnell arbeitend						langsam arbeitend
genau arbeitend						flüchtig arbeitend
motiviert						lustlos
aufmerksam						unkonzentriert

Weitere Bemerkungen (in Stichworten):

____

____

____

(Datum) Unterschrift der Lehrerin/des Lehrers

KOHL VERLAG Der Verlag mit dem Baum
Klassenorganisation in der Sekundarstufe – Bestell-Nr. 11 556

27 Der Stundenplan

Stundenplan

Stunde	Uhrzeit	Montag	Dienstag	Mittwoch	Donnerstag	Freitag

Ferienzeiten:

28 Unterrichtsplanung

Für Lehrer

1. Klasse: ______ Fach: ______________________________ Datum: ________________

2. Thema der Unterrichtseinheit:

____

3. Angestrebte Kompetenzen:

____

____

____

____

4. Thema der Unterrichtsstunde:

____

5. Lernziele der Unterrichtsstunde:

____

6. Ablauf der Unterrichtsstunde:

Phasen	Zeitdauer	Inhalte	Methoden

KOHL VERLAG Der Verlag mit dem Baum Klassenorganisation in der Sekundarstufe – Bestell-Nr. 11 556

29 Unterschiedliche Gestaltung von Arbeitsblättern

Für Lehrer

Um Arbeitsblätter abwechslungsreich zu gestalten, bieten sich folgende Aufgabentypen an:

- Verständnisfragen zum Text beantworten.
- Lückentext, einzelne Wörter sind einzufügen.
- Satzanfänge in einen Text einsetzen.
- Satzendungen mit Satzanfängen verknüpfen.
- Die Schüler müssen zum Text beliebige Fragen stellen, die von einem Mitschüler zu beantworten sind.
- Textpuzzle, Sätze sind in die richtige logische/chronologische Reihenfolge zu bringen.
- Im Buchstabensalat Begriffe finden.
- „Kuckucksei“: mehrere Namen bzw. Begriffe werden genannt, davon passt jeweils einer nicht.
- Was ist was? Begriffe und Umschreibungen einander zuordnen.
- Namen und/oder Begriffe müssen in ein vorgegebenes Schema eingeordnet werden.
- Aus vorgegebenen Stichwörtern einen Text formulieren.
- Text mit eigenen Sätzen zusammenfassen (Inhaltsangabe).
- Vorgabe eines Textes, danach haben die Schüler zu Satzanfängen eigene Satzendungen zu schreiben.
- Im Text werden bei z. B. 10 Wörtern nur die Anfangsbuchstaben oder Konsonanten oder der 1., 3., 5. usw. Buchstabe erwähnt.
- Vorgegebene Fragen und Antworten müssen einander richtig zugeordnet werden.
- Meinungsfragen zu einem Text stellen.
- Puzzle, Text wird „zerrissen“ und ist richtig zusammenzufügen.
- Skizze bzw. Bild zu einem Text zeichnen oder malen.
- Persönliche Bewertung von 10 genannten Dingen, eine Rangliste nach Wichtigkeit erstellen.
- Richtig oder falsch? Aussagen kennzeichnen, ob sie richtig oder falsch sind.

29 Unterschiedliche Gestaltung von Arbeitsblättern

Für Lehrer

- In einem fehlerhaften Text die Fehler ausfindig machen und den Text verbessern.
- Aufkleber, Button … zu einem Thema entwerfen.
- „Dilemmageschichte“: Schüler haben eine Lösung dazu zu finden und zu begründen.
- Text ohne Abstände zwischen den einzelnen Wörtern muss entschlüsselt und richtig aufgeschrieben werden.
- Fortsetzung zu einem Text überlegen und niederschreiben.
- Den Inhalt eines Textes durch eine Zeichnung wiedergeben.
- Aussagen zu einer Abbildung/Zeichnung machen.
- Kreuzworträtsel zu einem Text entwerfen.
- Satzteile-Domino:

Anfang	Zum …

…	Der …

usw.

- Mind map erstellen zum Thema oder Grafiz
  Erklärung: Grafiz = Grafik + Notiz (⇨ Müller, Beatenberg)
- Fingierte Reportage oder ausgedachtes Interview verfassen.
- Jeder Schüler formuliert 5 richtige und 5 falsche Aussagen zu einem Text; Mitschüler muss die richtigen und falschen Aussagen identifizieren, außerdem die falschen Sätze verbessern.
- Herausgefunden werden müssen Wörter, die sich in einem Text hinter Klecksen verbergen.
- Text, in dem bei manchen Wörtern der 1. sowie evtl. der 2. Buchstabe fehlen.
- Aus einem Text stichwortartig 10 Informationen aufschreiben.
- Aus 20 Wörtern 10 zusammengesetzte Begriffe aus 2 Teilen bilden.
- Sätze ohne Anfang vervollständigen.
- Wörterpuzzle: aus Silben Wörter bilden.

KOHL VERLAG Klassenorganisation in der Sekundarstufe – Bestell-Nr. 11 556

Für Lehrer

Wochenplanarbeit Schulwoche vom ____________ bis zum ____________

Montag	Dienstag	Mittwoch	Donnerstag	Freitag

31 Freiarbeit

Für Lehrer

Name der Schülerin/des Schülers und Klasse:		
Datum und Zeitdauer	**Das habe ich während der Freiarbeit gemacht**	**Das habe ich dabei gelernt**

KOHL VERLAG Der Verlag mit dem Baum
Klassenorganisation in der Sekundarstufe – Bestell-Nr. 11 556

32 Stationsarbeit (Laufzettel)

Für Lehrer

Laufzettel zu den Stationen

Thema der Unterrichtseinheit:

Name der Schülerin/des Schülers und Klasse:

Nr.	Überschrift der Lernstation	Datum der Bearbeitung	Kontrolliert

33 Ein Schultag – Anonymer Feedbackbogen

EA

Aufgabe 1: *Notiere stichwortartig: Was wurde in den einzelnen Unterrichtsstunden gemacht? Was hast du jeweils gelernt?*

1. Stunde: ______________________________

____

____

2. Stunde: ______________________________

____

____

3. Stunde: ______________________________

____

____

4. Stunde: ______________________________

____

____

5. Stunde: ______________________________

____

____

6. Stunde: ______________________________

____

____

7. Stunde: ______________________________

____

____

8. Stunde: ______________________________

____

____

9. Stunde: ______________________________

____

____

Aufgabe 2: *Wie bewertest du insgesamt den heutigen Schultag?*

☐ sehr gut ☐ gut ☐ mittelmäßig ☐ schlecht ☐ sehr schlecht

KOHL VERLAG Der Verlag mit dem Baum
Klassenorganisation in der Sekundarstufe – Bestell-Nr. 11 556

34 Zwei Feedback- und Reflexionsmethoden

Um die Meinung und die Selbsteinschätzung der Schüler über den Unterricht, den behandelten Stoff … zu erfahren gibt es verschiedene Feedback- und Reflexionsmethoden. Zwei Methoden werden hier vorgestellt.

a) Der Reflexionswürfel

	Das ist mir leicht gefallen		Darin will ich mich verbessern
	Das ist mir schwer gefallen		Das ist mir nicht klar geworden
	Das habe ich gelernt		Das ist mir aufgefallen

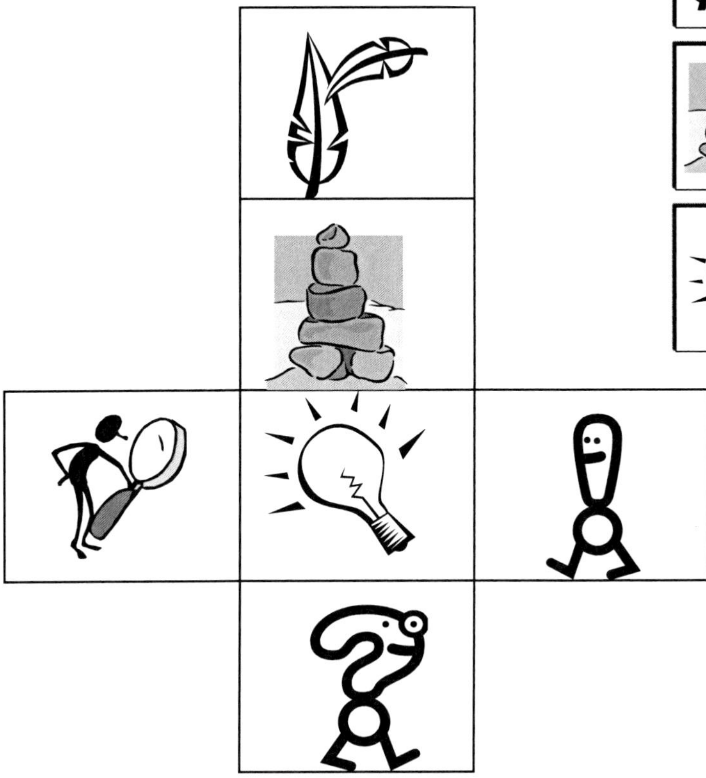

Infobox

Der Reflexionswürfel kann gut nach einer Einführung oder Freiarbeit genutzt werden. Die Schüler würfeln und berichten dann über den bearbeiteten Stoff.

b) Die Feedback-Smileys

Infobox-Smileys

Die Smileys werden groß kopiert und in mehrfacher Aufführung an die Tafel gehängt.
Jeder Schüler nimmt sich einen Smiley und sagt:
- „Mir hat gefallen, dass ...“
- „Mir hat nicht gefallen, dass ...“

So können Situationen in der Klasse, Unterrichtsstunden, Ausflüge ... reflektiert werden.

Klassenorganisation in der Sekundarstufe – Bestell-Nr. 11 556
KOHL VERLAG Der Verlag mit dem Baum

35 Ein paar Lerntipps

1. Nicht für die Schule, sondern für dich lernst du – für dein zukünftiges Leben.
2. Auch das Lernen muss man lernen.
3. Es bringt weitaus mehr, in Etappen – d.h. mit genügend Pausen zwischendurch – zu lernen, als zu versuchen, erst im letzten Moment (z.B. vor einer Klassenarbeit) ununterbrochen zu pauken.
4. Finde heraus, wann du im Laufe des Tages am aufnahmefähigsten bist.
5. Stelle dann schriftlich einen Arbeitsplan mit Zeitangaben auf, wann du was lernst.
6. Empfehlenswert ist es, mäßig, aber regelmäßig zu üben (jeden Tag eine gewisse Zeit).
7. Durch öftere Wiederholungen verfestigen sich deine Kenntnisse länger oder sogar dauerhaft.
8. Wirksam ist es, den jeweils zu erlernenden Stoff sinnvoll in verschiedene Abschnitte zu unterteilen. Schreibe dir zum Inhalt Stichpunkte auf. Auch ist es effektiv, u.a. Zusammenhänge verkürzt skizzenhaft darzustellen.
9. Gehe beim Lernen nach dem Prinzip „Vom Leichten zum Schweren“ vor.
10. Leider geht mit Musik doch nicht alles besser. Vor allem bei schwereren Lernaufgaben, die gründliches Nachdenken erfordern, solltest du auf Musikbegleitung verzichten.

Denke an die beiden wohl schon alten, aber immer noch aussagekräftigen Sprichwörter: „Nur wer sät, wird eine Ernte haben.“ Oder vereinfacht gesagt: „Ohne Fleiß kein Preis.“

KOHL VERLAG Der Verlag mit dem Baum
Klassenorganisation in der Sekundarstufe – Bestell-Nr. 11 556

36 Grundregeln beim Schreiben

Für Lehrer

Unbedingt beachten:

1. Zu Beginn eines Satzes wird der Anfangsbuchstabe des ersten Wortes immer groß geschrieben. Satzanfänge schreibt man groß!
2. Am Ende eines Satzes muss ein Punkt, ein Ausrufezeichen oder ein Fragezeichen gesetzt werden.
3. Innerhalb eines Satzes werden nur Hauptwörter (= Nomen) groß geschrieben.
4. Setze im Satz an der Stelle ein Komma, an der der Satz kurz unterbrochen („kleine Pause“) wird.
5. Lasse auf den Seiten jeweils Rand frei. Trenne Wörter am Ende einer Zeile nicht beliebig, sondern nach Wortsilben.
6. Schreibe so, dass man alle Buchstaben erkennen und den Text lesen kann (Schönschrift).
7. Formuliere möglichst kurze, eigene Sätze (höchstens 12 – 15 Wörter in jedem Satz).
8. Beachte die Zeitform (Vergangenheit, Gegenwart, Zukunft), in der du deinen Text schreibst. Wechsle nicht von einer Zeitform in eine andere Zeitform.
9. Mache in deinem Text sinnvolle Absätze.
10. Lies deinen Text mindestens dreimal genau durch und verbessere Fehler, bevor du den Text möglicherweise abgibst.

…

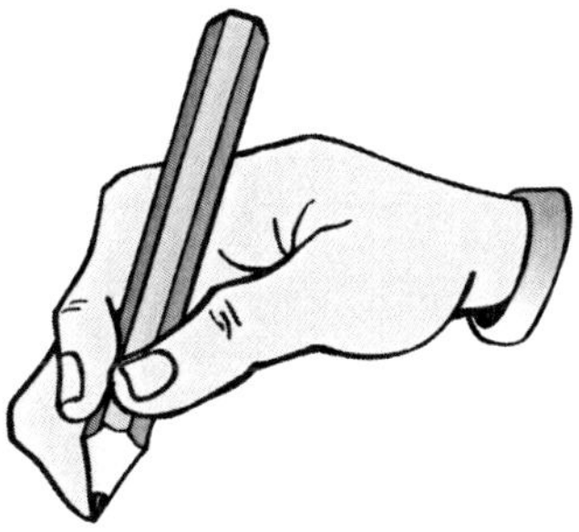

KOHL VERLAG Der Verlag mit dem Baum
Klassenorganisation in der Sekundarstufe – Bestell-Nr. 11 556

37 Textverständnis

Wie bearbeitet man einen bisher unbekannten Text?

1. Den Text zunächst ein- oder zweimal querlesen ("überfliegen") und sich die folgende Frage stellen: "Worum geht es in diesem Text?" Zur Beantwortung dieser Frage u.a. die Überschrift "Fettgedrucktes und etwaige Bilder berücksichtigen!

2. In einem, zwei oder drei kurzen Sätzen z.B. aufschreiben: "In den Text geht es darum, ..."

3. Den Text erneut lesen: Welche einzelnen Wörter und/oder Sätze könnten unverständlich sein? Markiere diese Stellen mit Fragezeichen.

4. Benutze ein Wörterbuch, damit du dir selbst helfen kannst.

5. Der Text wird ein weiteres Mal gelesen. Es wird Absatz für Absatz gelesen. In den Absätzen sollen die wichtigsten Wörter ("Schlüsselwörter", "Kennwörter") und Aussagen mit einem Farbstift markiert werden.

6. Zu jedem Absatz soll eine passende Überschrift gefunden werden.

7. Der Inhalt der einzelnen Abschnitte wird nun kurz zusammengefasst (entweder im Kopf oder schriftlich).

8. Der Hauptinhalt des Textes wird in eigenen Sätzen notiert.

37 Textverständnis

1

2

3

4

5

6

Zu jedem Absatz eine Überschrift finden.

Zu jedem Abschnitt eine Zusammenfassung schreiben.

7

8

Den Hauptinhalt in eigenen Worten wiedergeben.

KOHL VERLAG Klassenorganisation in der Sekundarstufe – Bestell-Nr. 11 556

37 Textverständnis

Für Lehrer

Anregungen und Empfehlungen für die Bearbeitung von Texten

- Zeilen der Texte nummerieren.
- Bei Texten am Rand genügend Platz für mögliche Notizen lassen.
- Vorwissen der Schüler zum Thema aktivieren („Was wisst ihr darüber schon?“).
- Vorinformationen zum Text geben; Fremdwörter, schwierige Wörter des Textes vorweg erklären.
- Schüler müssen mündlich und/oder schriftlich beantworten: „Was hast du vom Text verstanden?“
- Text Abschnitt für Abschnitt bzw. sogar Satz für Satz laut lesen und den jeweiligen Inhalt wiedergeben lassen.
- W-Fragen zum Text sind zu beantworten.
- Richtig oder falsch? Schüler müssen bezüglich des Textes Aussagen identifizieren, ob sie richtig bzw. falsch sind.
- Satzanfänge werden vorgegeben, die zu vollständigen Sätzen ergänzt werden müssen.
- Zu vorgegebenen Satzendungen müssen passende Satzanfänge formuliert werden.
- Jede Schülerin/Jeder Schüler schreibt eine bestimmte Anzahl von eigenen Fragen zum Text auf, die jeweils von einer anderen Schülerin/einem anderen Schüler schriftlich zu lösen sind.
- In Lückensätze zum Text müssen Wörter eingesetzt werden.
- Die Lehrerin/Der Lehrer verfasst zu Themen eigene kürzere Texte, als sie in Büchern, Arbeitsheften … zu finden sind.
- Dabei werden möglichst Hauptsätze (Subjekt, Prädikat …) formuliert, denn Satzgefüge überfordern so manche Schüler.

…

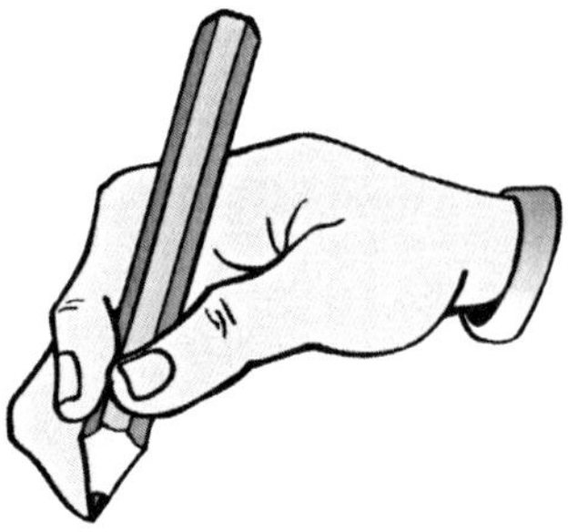

KOHL VERLAG Der Verlag mit dem Baum
Klassenorganisation in der Sekundarstufe – Bestell-Nr. 11 556

38 Umgang mit Wörterbüchern

Für Lehrer

1. In Wörterbüchern sind die einzelnen Wörter in der Reihenfolge der Buchstaben des Alphabets geordnet. So kommt das Wort „Klasse“ in Wörterbüchern vor dem Wort „Schule“.

2. Zuerst bestimmt der jeweilige Anfangsbuchstabe des Wortes, wo es im Wörterbuch ungefähr genannt wird.

3. Haben zwei oder noch mehrere Wörter denselben Anfangsbuchstaben, achte auf den zweiten Buchstaben der Wörter.

   Beispiel: Das Wort „Karte“ wird im Wörterbuch vor „Kind“ und „Kreis“ aufgeführt.

4. Sind bei Wörtern der 1. sowie der 2. Buchstabe gleich, kommt es auf den jeweils 3. Buchstaben an, in welcher Reihenfolge die Wörter im Wörterbuch vorzufinden sind.

   Ein weiteres Beispiel: „Ball“ steht im Wörterbuch vor „Bank“ und „Baum“.

5. Wenn Wörter die ersten 3 Buchstaben gemeinsam haben, entscheidet der 4. Buchstabe über die Reihenfolge der Nennung im Wörterbuch.

6. So geht es immer weiter, bis schließlich die Reihenfolge aller im Wörterbuch abgegebenen Wörter feststeht.

7. Als Hilfe zur Orientierung im Wörterbuch stehen gewöhnlich oben auf den Seiten sogenannte Kopfwörter. Das linke Kopfwort ist das erste Wort auf der betreffenden Seite, das rechte Kopfwort das letzte Wort auf der jeweiligen Seite.

8. Zusammenfassend ergibt sich: Um sich in einem Wörterbuch zurechtzufinden, musst du also in jedem Fall Alphabet kennen und beherrschen.

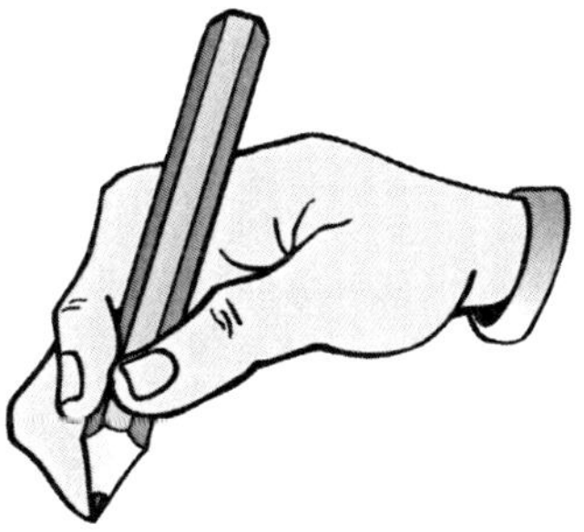

KOHL VERLAG Der Verlag mit dem Baum
Klassenorganisation in der Sekundarstufe – Bestell-Nr. 11 556

38 Umgang mit Wörterbüchern

EA

Aufgabe 1: *Schreibe alle Großbuchstaben des Alphabets in der richtigen Reihenfolge auf!*

____

____

Aufgabe 2: *Notiere nun alle Kleinbuchstaben des Alphabets in der richtigen Reihenfolge!*

____

____

Aufgabe 3: *In welcher Reihenfolge werden die anschließend genannten 6 Wörter im Wörterbuch erwähnt?*

Nagel, Zirkus, Lineal, Computer, Fußball, Hose

a) ____________ **b)** ____________ **c)** ____________

d) ____________ **e)** ____________ **f)** ____________

Aufgabe 4: *Bringe die folgenden 6 Wörter in die richtige Reihenfolge, wie sie im Wörterbuch vorzufinden sind!*

Turm, Tor, Tasche, Treppe, Tisch , Teller

a) ____________ **b)** ____________ **c)** ____________

d) ____________ **e)** ____________ **f)** ____________

Aufgabe 5: *Ordne jetzt diese 6 Wörter entsprechend der Reihenfolge in Wörterbüchern!*

Familie, Fach, Fabrik, Faust, Farbe, Fahrrad

a) ____________ **b)** ____________ **c)** ____________

d) ____________ **e)** ____________ **f)** ____________

Aufgabe 6: *Wie ist die Reihenfolge der nachfolgenden Wörter in Wörterbüchern?*

Schild, Schwester, Schrank, Schaufel, Schloss, Schere

a) ____________ **b)** ____________ **c)** ____________

d) ____________ **e)** ____________ **f)** ____________

KOHL VERLAG Klassenorganisation in der Sekundarstufe – Bestell-Nr. 11 556

39 10 goldene Regeln für einen Vortrag, ein Referat oder eine Präsentation

1. Bereite dich rechtzeitig und gründlich vor. Dies ist ein Schlüssel zum Erfolg.

2. Erstelle einen genauen Plan, wie du bei deinem Vortrag, deinem Referat oder deiner Präsentation vorgehen möchtest.

3. Empfehlenswert ist es, sich vorweg Stichwörter aufzuschreiben, die als „roter Faden“ dienen. Jedoch keine Sätze auswendig lernen!

4. Bemühe dich, während der Darbietung vor den Zuhörern möglichst frei zu sprechen. Auf keinen Fall Texte (immer oder meistens) ablesen.

5. Sprich laut und deutlich, nicht stets im selben Ton. Verändere deine Stimmlage, mache kurze Sprechpausen.

6. Nenne den Zuhörern zu Beginn deine Gliederung des Themas.

7. Schaue die Zuhörer an. Wende deinen Blick mal zu der einen, mal zu der anderen Seite.

8. Du solltest nicht ängstlich, sondern selbstbewusst auftreten, jedoch nicht überheblich.

9. Versuche mit den Zuhörern auch ins Gespräch zu kommen; gib ihnen Gelegenheit, Fragen zu stellen.

10. Sehr wirksam ist es, u. a. Bilder zu zeigen oder entsprechende Medien einzubinden. Denke an das Sprichwort: „Ein Bild sagt mehr als 1000 Worte.“

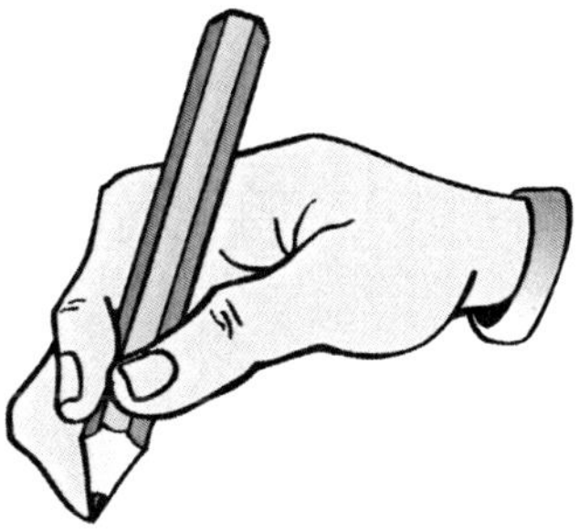

KOHL VERLAG Der Verlag mit dem Baum Klassenorganisation in der Sekundarstufe – Bestell-Nr. 11 556

40 Das bin ich ... – Ein Erkennungsspiel

EA

Aufgabe 1: *Beschreibe dich selbst wahrheitsgemäß mit 3 Eigenschaftswörtern (= Wiewörter, Adjektive). Schreibe auf einem kleinen Blatt Papier, wie du deiner Meinung nach bist.*

Ich bin ______________________________.

Ich bin ______________________________.

Ich bin ______________________________.

Anschließend faltest du das kleine Blatt Papier zusammen und wirfst es z. B. in einen Karton oder Eimer, der herumgereicht wird. Dasselbe wie du machen auch deine Mitschüler.
Danach werden die kleinen Zettel durcheinander gemischt. In jeder Spielrunde wird ein Zettel gezogen. Jemand liest vor, was auf dem gezogenen Zettel steht.
Die Spieler müssen erraten, wer sich mit den drei vorgelesenen Eigenschaftswörtern gekennzeichnet hat. Jeder darf jeweils lediglich eine Antwort geben, er sollte sie begründen können.
Schließlich gibt sich der zu erkennen, der den betreffenden Zettel geschrieben hat.

Mögliche Punktwertung:
Wer einen anderen Mitschüler gemäß der Beschreibung auf dem jeweiligen Blatt Papier errät, erhält einen Punkt.

Spielsieg:
Der Spieler mit den meisten erzielten Punkten ist der Spielgewinner.

Spielveränderung:
Jeder Spieler muss zu Beginn 5 eigene Eigenschaften auf einem Zettel notieren.

40 Das bin ich ... – Ein Erkennungsspiel

EA

a) *Das kann ich (meine Stärken):*

b) *Das kann ich nicht (meine Schwächen):*

c) *Das will ich werden/erreichen:*

d) *Das ist für mich möglich:*

KOHL VERLAG Der Verlag mit dem Baum
Klassenorganisation in der Sekundarstufe – Bestell-Nr. 11 556

41 Soft Skills

Der Fachbegriff Soft Skills stammt aus der englischen Sprache und heißt wörtlich übersetzt „weiche Fähigkeiten". Soft Skills umfassen Einstellungen und Verhaltensweisen. Mit Soft Skills sind zum einen soziale Fähigkeiten gemeint. Dies bedeutet Fähigkeiten, wie man mit anderen Menschen umgeht, wie man sich ihnen gegenüber verhält. Zu den Soft Skills im sozialen Bereich gehört u. a., sich zu beherrschen und nicht aggressiv zu werden. Eine weitere soziale Fähigkeit ist z. B. kooperativ zu sein, d. h. imstande sein, mit anderen Personen zusammenzuarbeiten. Auch tolerant zu sein, zum Beispiel die Meinung anderer Menschen zu akzeptieren, ist eine soziale Kompetenz (= Fähigkeit).

Außer sozialen Fähigkeiten werden zu den Soft Skills Neigungen sowie Interessen der jeweiligen Person gezählt. Außerdem gelten weitere Persönlichkeitskennzeichen wie z.B. Flexibilität (= Anpassungsfähigkeit), Motivation, Ausdauer ... als Soft Skills.

Soft Skills sind nicht nur in der Schule sehr wichtig, sondern spielen ebenfalls vor allem in der Berufs- und Arbeitswelt eine bedeutende Rolle. Das Gegenteil zu Soft Skills sind Hard Skills. Diese umfassen die kognitiven Leistungsfähigkeiten der Menschen.

EA

Aufgabe 1: *Unterstreiche im vorherigen Text die wesentlichen Aussagen. Unterstreiche höchstens sechs Aussagen.*

Aufgabe 2: *Was hast du vom Text verstanden? Schreibe möglichst eigene Sätze auf!*

Aufgabe 3: *Nenne 10 verschiedene Soft Skills, die Menschen haben sollten!*

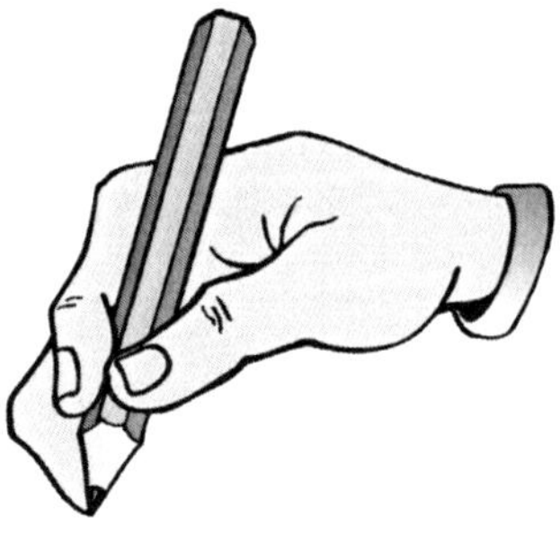

Selbsteinschätzungsbogen

Name: ______________________________

EA

Aufgabe 4: *Schätze dich jeweils selbst ein. Betrachte dich dabei selbstkritisch. Kreuze auf der jeweiligen Skala ein, was auf dich zutrifft.*

a) Wie freundlich bist du zu anderen Menschen?

0 % 10 % 20 % 30 % 40 % 50 % 60 % 70 % 80 % 90 % 100 %

b) Wie hilfsbereit bist du?

0 % 10 % 20 % 30 % 40 % 50 % 60 % 70 % 80 % 90 % 100 %

c) Wie zuverlässig bist du?

0 % 10 % 20 % 30 % 40 % 50 % 60 % 70 % 80 % 90 % 100 %

d) Wie kommunikativ (= mitteilsam) bist du?

0 % 10 % 20 % 30 % 40 % 50 % 60 % 70 % 80 % 90 % 100 %

e) Wie kannst du dich in der Gruppe anpassen?

0 % 10 % 20 % 30 % 40 % 50 % 60 % 70 % 80 % 90 % 100 %

f) Wie kritikfähig bist du?

0 % 10 % 20 % 30 % 40 % 50 % 60 % 70 % 80 % 90 % 100 %

g) Wie kannst du dich in Konflikten beherrschen?

0 % 10 % 20 % 30 % 40 % 50 % 60 % 70 % 80 % 90 % 100 %

h) Wie tolerant (= duldsam) bist du?

0 % 10 % 20 % 30 % 40 % 50 % 60 % 70 % 80 % 90 % 100 %

i) Wie einfühlsam bist du?

0 % 10 % 20 % 30 % 40 % 50 % 60 % 70 % 80 % 90 % 100 %

j) Wie verantwortungsbewusst bist du?

0 % 10 % 20 % 30 % 40 % 50 % 60 % 70 % 80 % 90 % 100 %

KOHL VERLAG Der Verlag mit dem Baum
Klassenorganisation in der Sekundarstufe – Bestell-Nr. 11 556

Selbsteinschätzungsbogen

Name: ______________________________________

EA

Aufgabe 5: *Schätze dich jeweils selbst ein. Betrachte dich dabei selbstkritisch. Kreuze auf der jeweiligen Skala ein, was auf dich zutrifft.*

a) Wie lernmotiviert bist du?

0 % 10 % 20 % 30 % 40 % 50 % 60 % 70 % 80 % 90 % 100 %

b) Wie sehr strengst du dich an?

0 % 10 % 20 % 30 % 40 % 50 % 60 % 70 % 80 % 90 % 100 %

c) Wie belastbar bist du?

0 % 10 % 20 % 30 % 40 % 50 % 60 % 70 % 80 % 90 % 100 %

d) Wie ausdauernd arbeitest du?

0 % 10 % 20 % 30 % 40 % 50 % 60 % 70 % 80 % 90 % 100 %

e) Wie aufmerksam bist du?

0 % 10 % 20 % 30 % 40 % 50 % 60 % 70 % 80 % 90 % 100 %

f) Wie pünktlich bist du?

0 % 10 % 20 % 30 % 40 % 50 % 60 % 70 % 80 % 90 % 100 %

g) Wie sorgfältig arbeitest du?

0 % 10 % 20 % 30 % 40 % 50 % 60 % 70 % 80 % 90 % 100 %

h) Wie ordnungsbewusst bist du?

0 % 10 % 20 % 30 % 40 % 50 % 60 % 70 % 80 % 90 % 100 %

i) Wie selbstständig arbeitest du?

0 % 10 % 20 % 30 % 40 % 50 % 60 % 70 % 80 % 90 % 100 %

j) Wie selbstbewusst bist du?

0 % 10 % 20 % 30 % 40 % 50 % 60 % 70 % 80 % 90 % 100 %

42 Traumberufe

Ein Einschätzungsspiel

EA

Aufgabe 1: *Du hast die Auswahl zwischen den nachfolgenden 20 Traumberufen. Suche dir 3 Traumberufe aus, die du am liebsten bzw. ehesten magst.*

- Architekt
- Astronaut/Astronautin
- Basketballprofi
- Computerexperte/Computerexpertin
- Flugzeugpilot/Flugzeugpilotin
- Geheimdetektiv/Geheimdetektivin
- Kunstmaler/Kunstmalerin
- Motorradrennfahrer/Motorradrennfahrerin
- Schauspieler/Schauspielerin
- Tennisprofi

- Arzt/Ärztin
- Autorennfahrer/Autorennfahrerin
- Boxprofi
- Fernsehmoderator/Fernsehmoderatorin
- Fußballprofi
- Komiker/Komikerin
- Modell
- Sänger/Sängerin
- Schriftsteller/Schriftstellerin
- Wissenschaftler/Wissenschaftlerin

Mein erster Traumberuf: ______________________

Mein zweiter Traumberuf: ______________________

Mein dritter Traumberuf: ______________________

Die Mitschüler müssen erraten, welchen ersten Traumberuf, eventuell auch zweiten und dritten Traumberuf, du ausgewählt hast. Alle ratenden Spieler dürfen jeweils nur eine Vermutung äußern.

Wer einen ausgewählten Traumberuf zuerst errät, erhält dafür einen Punkt. Sieger des Spiels wird, wer zum Schluss die meisten Punkte besitzt.

KOHL VERLAG Der Verlag mit dem Baum
Klassenorganisation in der Sekundarstufe – Bestell-Nr. 11 556

43 Planung des nächsten halben Jahres

Name der Schülerin/des Schülers:

EA

Aufgabe 1: *Wird sich in deiner Lebenseinstellung und in deinem Verhalten im nächsten Halbjahr etwas verändern? Wenn ja, was?*

Aufgabe 2: *Welches Ziel/Welche Ziele möchtest du im folgenden Halbjahr erreichen?*

Aufgabe 3: *Beschreibe näher: Was musst du zum Erreichen des Ziels/der Ziele tun?*

Aufgabe 4: *Welche Hilfe(n) wünschst du dir, um das Ziel/die Ziele zu erreichen?*

(Datum) Unterschrift der Schülerin/des Schülers

KOHL VERLAG Der Verlag mit dem Baum
Klassenorganisation in der Sekundarstufe – Bestell-Nr. 11 556

44 Mein Leben in 10 Jahren

Zukunftsvisionen

EA

Aufgabe 1: *Beschreibe in Worten, wie dann dein Leben verläuft! Du kannst auch kleine Bilder oder Skizzen dazu malen bzw. zeichnen!*

a) So sind meine familiären Verhältnisse:

____

____

____

____

b) So wohne ich:

____

____

____

____

c) So kleide und frisiere ich mich:

____

____

____

____

d) So verbringe ich meine Freizeit:

____

____

____

____

e) So verdiene ich meinen Lebensunterhalt:

____

____

____

____

KOHL VERLAG Der Verlag mit dem Baum
Klassenorganisation in der Sekundarstufe – Bestell-Nr. 11 556

19 Klassensprecherwahl *(Lösung zu Seite 17)*

Der Ablauf einer Klassensprecherwahl

EA

Aufgabe 3: *Setze die richtigen Wörter ein.*

Die einzelnen Wörter in alphabetischer Reihenfolge:
aufschreiben – einverstanden – findet – gelten – kommt – leitet – schlagen – stellen – übernehmen

a) Der Klassenlehrer ***leitet*** die Klassensprecherwahl.

b) Zunächst ***schlagen*** die Schüler Kandidaten zur Wahl vor. Möglich ist auch, dass sich Schüler selbst als Kandidaten vorschlagen.

c) Vorgeschlagene Kandidaten müssen damit ***einverstanden*** sein, dass sie gewählt werden können.

d) Danach ***stellen*** sich die jeweiligen Kandidaten vor, eventuell mit ihren Zielen und beantworten Fragen der übrigen Schüler.

e) Die Wahl der Klassensprecher erfolgt in geheimer Wahl. Jeder Wähler kann auf seinem Stimmzettel die Namen von bis zu zwei Kandidaten ***aufschreiben*** .

f) Nun kommt es zur Auszählung der Stimmen. Klassensprecher werden die beiden Kandidaten mit den meisten Stimmen, sofern sie sich bereit erklären, das Amt zu ***übernehmen*** .

g) Bei Stimmengleichheit ***kommt*** es zu einer Stichwahl.

h) Nach der Klassensprecherwahl ***findet*** die Wahl des Vertreters der Klassensprecher statt.

i) Hier ***gelten*** dieselben Regeln wie bei der Klassensprecherwahl.

38 Umgang mit Wörterbüchern

EA

Aufgabe 1: *Schreibe alle Großbuchstaben des Alphabets in der richtigen Reihenfolge auf!*

A, B, C, D, E, F, G, H, I, J, K, L, M, N, O, P, Q, R, S, T, U, V, W, X, Y, Z

Aufgabe 2: *Notiere nun alle Kleinbuchstaben des Alphabets in der richtigen Reihenfolge!*

a, b, c, d, e, f, g, h, i, j, k, l, m, n, o, p, q, r, s, t, u, v, w, x, y, z

Aufgabe 3: *In welcher Reihenfolge werden die anschließend genannten 6 Wörter im Wörterbuch erwähnt?*

Nagel, Zirkus, Lineal, Computer, Fußball, Hose

a) ***Computer*** b) ***Fußball*** c) ***Hose***
d) ***Lineal*** e) ***Nagel*** f) ***Zirkus***

Aufgabe 4: *Bringe die folgenden 6 Wörter in die richtige Reihenfolge, wie sie im Wörterbuch vorzufinden sind!*

Turm, Tor, Tasche, Treppe, Tisch , Teller

a) ***Tasche*** b) ***Teller*** c) ***Tisch***
d) ***Tor*** e) ***Treppe*** f) ***Turm***

Aufgabe 5: *Ordne jetzt diese 6 Wörter entsprechend der Reihenfolge in Wörterbüchern!*

Familie, Fach, Fabrik, Faust, Farbe, Fahrrad

a) ***Fabrik*** b) ***Fach*** c) ***Fahrrad***
d) ***Familie*** e) ***Farbe*** f) ***Faust***

Aufgabe 6: *Wie ist die Reihenfolge der nachfolgenden Wörter in Wörterbüchern?*

Schild, Schwester, Schrank, Schaufel, Schloss, Schere

a) ***Schaufel*** b) ***Schere*** c) ***Schild***
d) ***Schloss*** e) ***Schrank*** f) ***Schwester***